PASSIVES EINKOMMEN

PASSIVES EINKOMMEN

Die Revolution für die Freiheit

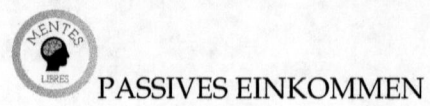
PASSIVES EINKOMMEN

 PASSIVES EINKOMMEN

Inhalt

Wir starten

Was ist passives Einkommen?

Verwendung des verbleibenden Einkommens

Verwendung von Leveraged Income

Nutzung des gehebelten aktiven Einkommens

Nutzung des Internet-Marketings

Verwenden von Network Marketing

Nutzung von Immobilien

Verwendung von Blogs

Ziele setzen und einen Plan haben

Die Mentalität, die für ein passives Einkommen notwendig ist

Abschließende Gedanken

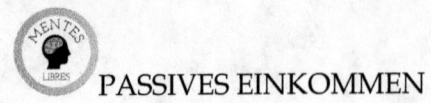
PASSIVES EINKOMMEN

 PASSIVES EINKOMMEN

Wir starten

Jedes Einkommen, bei dem der Einzelne nicht physisch verdienen muss, wird als passives Einkommen bezeichnet. Dies ist natürlich eine sehr attraktive Art, Einkommen zu verdienen, und in der Tat sind diejenigen, die das Glück haben, auf diese Weise ihren Lebensunterhalt zu verdienen, sehr glücklich.

Der Übergang zum passiven Einkommen

Generieren Sie Lkw-Ladungen mit passivem Einkommen und leben Sie die vier Stunden Arbeit pro Woche

Was ist passives Einkommen?

Heute gibt es einige sehr beliebte und übliche Wege, ein passives Einkommen zu erzielen. Das Schreiben einer neuen Melodie oder eines Liedes oder sogar eines Jingles und der Verkauf als kommerzielles Eigentum wird ein sehr lukratives passives Einkommen generieren.

Die Eröffnung eines Banksparkontos ist eine weitere Möglichkeit, einen Restzins zu erhalten, indem man einfach Geld spart, obwohl es nicht viel ist und oft nach Laune und Phantasie der Bankensysteme schwankt.

 PASSIVES EINKOMMEN

Lernen Sie die Grundlagen

Die Gründung eines mehrstufigen Unternehmens ist eine weitere Möglichkeit, ein passives Einkommen zu erzielen. Es gibt einige mehrstufige Unternehmen, die nicht die Standardarbeit der Rekrutierung und des Verkaufs von Produkten verlangen, sondern nur die Verwendung ihrer Produkte.

Ein Berater für Finanzprodukte zu werden, ist nicht nur eine gute passive Einkommensquelle, sondern auch eine Möglichkeit, den Kundenstamm zu erweitern.

Für diejenigen, die etwas mehr Geld zur Verfügung haben, können sie andere Arten von Investitionen in Betracht ziehen, die wahrscheinlich Gewinne abwerfen. Der Kauf und die Anmietung einer Immobilie hilft der Person bei der Rückzahlung des Darlehens, so dass keine unmittelbare finanzielle Verpflichtung erforderlich ist.

Es gibt viele innovative Möglichkeiten, mit dem Internetmotor Geld zu verdienen. Es braucht nur ein wenig Zeit, um nach legitimen Geschäftsinstrumenten zu suchen.

Eines der beliebtesten Tools ist die Erstellung eigener Informationen für E-Books und andere Online-Verkaufstools, die möglicherweise Sprachänderungen erfordern.

Die riskanteste Art, ein passives Einkommen zu erzielen, wäre die Investition in verschiedene Aktien und Anleihen. Das Risiko ist jedoch recht hoch und lohnt sich oft nicht.

 PASSIVES EINKOMMEN

Verwendung des verbleibenden Einkommens

Nachdem alle monatlichen Verpflichtungen bezahlt sind, wird das verbleibende Geld als Residualeinkommen bezeichnet.

Dieses Einkommen kann für den Einzelnen sehr hilfreich sein und ist in der Regel an die etabliertere Einkommensgruppe gebunden. Auf diese Weise berechnet der Bankensektor auch die Wahrscheinlichkeit, seinen Kunden einen Kredit zu gewähren. Dies ist ein Einkommen, das auch weit über den Zeitrahmen der ersten Anzahlung hinausgeht.

 PASSIVES EINKOMMEN

Was übrig bleibt

Es gibt viele Möglichkeiten, um zu versuchen, ein Residualeinkommen zu erzielen. Das Schreiben ist zum Beispiel eine Möglichkeit, sich in diesen Bereich des Residualeinkommens zu wagen.

Wenn das geschriebene Material gut ist, gäbe es eine Gelegenheit, die Rechte zu verkaufen, und so ist es auch bei anderen Möglichkeiten, wie dem Schreiben eines brauchbaren Softwareprogramms, dem Komponieren eines Liedes, dem Erfinden eines Gadgets und vielem mehr.

Werden Sie vielleicht als Schauspieler oder Sänger berühmt, wobei Sie immer noch jedes Mal bezahlt werden, wenn Sie Ihre frühere Arbeit wiederverwenden. Wenn dies für andere Arten der Unterhaltung getan wird, erhält dieser Künstler ein Residualeinkommen in Form bestimmter

 PASSIVES EINKOMMEN

Prozentsätze der ursprünglichen Erstaufführung.

Das Erzielen von Residualeinkommen aus Immobilien ist vielleicht einer der beliebtesten Anlagestile mit dieser Absicht. Wenn diese Art von Residualeinkommen gut in den idealsten und profitabelsten gemacht wird.

Andere, viel einfachere Möglichkeiten, ein Residualeinkommen zu erzielen, wären die frühzeitige Aufnahme eines Sparplans. Die sorgfältige Beibehaltung dieser Regelung würde zu einem komfortablen Ruhestand beitragen, in dem ein Residualeinkommen eine große Hilfe wäre.

Die besten Arten von Residualeinkommensplänen sind in der Regel solche, bei denen der Einzelne völlige Autonomie darüber hatte, wie, wo und wann das Produkt verwendet wird. Durch die

PASSIVES EINKOMMEN

Möglichkeit, die Verwendungsmethoden zu diktieren, hat der Einzelne auch das letzte Wort darüber, wie die allgemeine Werbung und andere Aspekte der Erfindung ablaufen.

PASSIVES EINKOMMEN

Verwendung von Leveraged Income

Dies ist vielleicht einer der vorteilhaftesten Wege, um die Möglichkeit zu schaffen, in einem langfristigen Szenario über ein kontinuierliches Einkommen zu verfügen.

Bei der Verwendung des fremdfinanzierten Einkommensstils verdient der Einzelne mehr Geld mit viel weniger Aufwand, einfach weil die erzielten Gewinne nicht nur das direkte Ergebnis der eigenen Anstrengungen sind, sondern auch aus den zusätzlichen Quellen der Anstrengungen anderer Personen stammen.

Verwendung von

Im Idealfall arbeiten die meisten Menschen, um zu versuchen, diese Art von Einkommen sowohl kurz- als auch langfristig zu verdienen. In seiner grundlegendsten Form ermöglicht es das Hebeleinkommen dem Einzelnen, sich auf andere Anstrengungen zu konzentrieren, sobald die Anfangsphasen der Schaffung und Umsetzung eines bestimmten Projekts begonnen haben. Ein solches Projekt kann dann Einnahmen generieren, ohne dass der Investor oder Erfinder weitere besondere tägliche Verpflichtungen eingehen muss.

Die meisten Menschen, die sich finanziell wohl fühlen, haben sich an diese Art von Investitionen gewagt, mit der Absicht, irgendeine Form von fremdfinanziertem Einkommen zu erzielen. Ein wenig Zeit und Mühe für die Realisierung eines Projekts aufzuwenden und dann zurückzutreten, wenn das Projekt schließlich selbst läuft, ist in der Tat das perfekte Szenario. Daher gibt diese Art der Nutzung der Kaufkraft dem Einzelnen die Möglichkeit, sich vorzeitig in den Ruhestand zu begeben und die Früchte seiner Arbeit zu genießen, ohne den Überfall beaufsichtigen zu müssen oder physisch involviert zu sein.

Zusätzlich zu den verschiedenen Investitionsarmen, die zur Generierung von fremdfinanziertem Einkommen eingesetzt werden können, ist die Gründung eines Networkmarketing- oder Geschäftsunternehmens eine weitere beliebte Möglichkeit, diese Art von Einkommen zu generieren.

Dies erfordert natürlich am Anfang etwas harte Arbeit, aber sobald das Unternehmen einmal etabliert ist, wird es nicht mehr notwendig sein, so stark involviert zu sein wie in der Anfangsphase.

PASSIVES EINKOMMEN

Nutzung des gehebelten aktiven Einkommens

Vermögenswerte mit fremdfinanziertem Einkommen funktionieren nach mehr oder weniger den gleichen Prinzipien wie die normale Form des fremdfinanzierten Einkommens, mit einer wesentlichen Unterscheidung.

Dieser Stil erfordert, dass der Einzelne mehr Hand anlegt und in der Anfangsphase einen höheren Prozentsatz der Beteiligung hat und während der gesamten Razzia eine gewisse Stagnation aufweist.

 PASSIVES EINKOMMEN

Aktion

Es wäre natürlich ideal, eine Dienstleistung oder ein Produkt anbieten zu können, das in großem Maßstab "weitergibt", so dass die Untersuchung eines solchen Produkts oder einer solchen Dienstleistung zu einigen recht interessanten und praktikablen Optionen führen kann.

Einige der einfachen Optionen für ein aktives Einkommen mit Hebelwirkung würden die Bereitstellung von Dienstleistungen auf Konferenzen und Workshop-Seminaren einschließen.

Es ist auch vorteilhaft, Schulungen für Unternehmen durchzuführen, da das verwendete Material bereits als Grundformat konzipiert worden wäre, das mit nur wenigen Anpassungen von Zeit zu Zeit immer wieder verwendet werden könnte.

 PASSIVES EINKOMMEN

Die Gestaltung von guten Heimstudienmodulen ist auch eine weitere sehr kosteneffektive Möglichkeit, den fremdfinanzierten Einkommensstil zu erreichen, um einen komfortablen Lebensunterhalt zu verdienen.

Dies erfordert auch eine anfängliche Investition von Zeit und Mühe, die in der Regel die Plattform für kontinuierliche und profitable Einkommensquellen schafft. Auf diese Weise ermöglicht es dem Einzelnen, sich auf andere mögliche Unternehmungen zu konzentrieren, um die Einkommensbasis weiter zu verbessern.

Bei den erfolgreichsten Formeln, die in der Vergangenheit verwendet wurden, musste sich der Einzelne nur darauf konzentrieren, ein Produkt oder eine Dienstleistung zu entwerfen, das bzw. die kontinuierlich und konsistent verwendet und wiederverwendet werden sollte, um so das gewünschte

 PASSIVES EINKOMMEN

Einkommen zu schaffen, das schließlich zu einem Hebeleinkommen wurde.

Es gibt grundsätzlich drei Arten von fremdfinanzierten Einkommensstilen. Der aktive Leverage-Stil, der passive Leverage-Stil und der Basis-Leverage-Stil.

Alle diese Stile erfordern einige anfängliche Arbeit, aber wenn sie gut konzipiert und ausgeführt werden, kann die Hand der langfristigen Beteiligung auf ein Minimum beschränkt werden.

PASSIVES EINKOMMEN

Nutzung des Internet-Marketings

Internet-Marketing wird auch mit mehreren anderen Begriffen wie digitales Marketing, Web-Marketing, Online-Marketing, Suchmaschinen-Marketing und E-Marketing bezeichnet. Sie alle haben einen ähnlichen Marketingstil mit nur einem kleinen Unterschied, aber alle haben die primäre Absicht, Geld zu verdienen.

Das Web

Diese Art des Marketings gilt als recht breit und lukrativ.

Dieser Stil kann Dienstleistungen wie kreative und technische Unterstützung,

 PASSIVES EINKOMMEN

Design, Entwicklung, Werbung und Verkauf umfassen.

Zu den verschiedenen möglichen Dienstleistungen, die das Internet-Marketing-Instrument bieten kann, gehören die interaktive Kundenbindung, ein Suchmaschinenanbieter für Marketingzwecke, eine Werbeplattform und viele andere mögliche Profit-Tools.

Der Einsatz des Internet-Marketinginstruments kann einen eins-zu-eins-Ansatz bieten, der in der "realen" Welt nicht immer möglich ist.

Dieser Ansatz ist zwar recht weit gefasst und ohne eine bestimmte Richtung, kann aber durch die Verwendung von Schlüsselwörtern erreicht werden, die vom Benutzer eingegeben werden, um die gewünschte Information oder Dienstleistung zu erhalten.

Die Gestaltung von Marketing-Instrumenten, die bestimmte Interessengruppen ansprechen sollen, erfolgt ebenfalls über den Weg des Internet-Marketings.

Dieser Stil schuf die Plattform für die Verbindungen, die zwischen einer typischen Gruppe von Segmenten und dem beworbenen Produkt hergestellt werden müssen.

Nischenmarketing durch das Internet-Marketinginstrument hat seine Vorzüge. Der Erfolg dieses Stils ist sehr erfolgreich, und er ist sicherlich bei denjenigen beliebt, die nur wenig Zeit und Interesse am Surfen im Internet haben.

Daher ist diese Dienstleistung für sie sehr vorteilhaft und auch weit verbreitet.

Die Vorteile der Gründung eines Internet-Marketing-Unternehmens haben viele

 PASSIVES EINKOMMEN

Vorzüge, angefangen von dem potentiell großen Einkommen, das sich aus dem Freizeittempo ergibt, das man diktieren kann.

Allerdings kommt natürlich nichts ohne ein gewisses Maß an Anstrengung, um den gewünschten Erfolg zu sehen, und da es heute das gebräuchlichste Werkzeug der Wirtschaft ist, lohnt sich die Mühe der Untersuchung.

 PASSIVES EINKOMMEN

Verwenden von Network Marketing

Es handelt sich um eine Form des Marketings von Mensch zu Mensch. Es besteht ein echtes Bedürfnis, dass Menschen hinausgehen und nach Kunden suchen, die an den verkauften Produkten interessiert sein könnten. Diese Methode wird angewandt, wenn sie als besser angesehen wird, als irgendein Geschäft durch andere Methoden wie Offline- und Online-Marketinginstrumente zu erhalten. Hier ist der Einsatz unabhängiger Vertreter der Schlüssel zum Erfolg der Unternehmung.

Vernetzung

Rekrutierungskampagnen werden oft durchgeführt, um zu versuchen, Menschen

PASSIVES EINKOMMEN

dazu zu bewegen, individuelle Agenten oder Förderer eines Unternehmens zu werden. Einige dieser Unternehmen verfolgen mehrstufige Marketingstile, während andere lediglich potenzielle Vertriebspartner identifizieren müssen.

Der Einsatz von Networkmarketing zur Schaffung eines Residualeinkommens ist eine weitere Möglichkeit, aus finanzieller Sicht ein komfortableres Leben zu ermöglichen. Diese Art des Verdienstes erfolgt in Ihrem eigenen Tempo und mit Ihrem eigenen Engagement. Grundsätzlich gilt: Je mehr Sie arbeiten, desto besser sind Ihre Chancen, ein höheres Residualeinkommen zu erzielen. Der Einzelne hat auch das Privileg, zu entscheiden, mit wem und wann er Geschäfte tätigt.

Dies ist ein sehr wichtiger Aspekt für einige Menschen, die sich gerne treffen und neue Freundschaften schließen und gleichzeitig eine zusätzliche Einkommensquelle nutzen.

Auch diese Methode ist in der Regel mit sehr geringen finanziellen Investitionen verbunden und beinhaltet keine langfristige Verpflichtung.

Der Grund, warum die meisten Menschen sich für Networkmarketing entscheiden, ist das sehr lukrative Versprechen einer Residualeinkommensperspektive. Den Erfolg anderer zu sehen, die es geschafft haben, einen komfortablen finanziellen Status zu erreichen, ist ein guter Maßstab, um sich auf die eigenen Ambitionen für ein gutes und gesundes Residualeinkommen zu konzentrieren.

Ein weiterer interessanter Punkt, den es zu beachten gilt, ist, dass es für diese Art von Bemühungen keine Altersgrenze gibt.

PASSIVES EINKOMMEN

Nutzung von Immobilien

Dies ist eine weitere Möglichkeit, ein Residualeinkommen zu schaffen, ohne sich allzu sehr auf einen bestimmten Stil oder ein bestimmtes Engagement beschränken zu müssen.

Die Forderung nach Immobilien zur Schaffung von Residualeinkommen gewinnt rasch an Popularität, da die Erfolgsquote und die Auszahlungen recht verlockend sein können.

Immobilien

Zu den "Pull"-Faktoren gehört auch die Fähigkeit, das in Bezug auf das erzielte Einkommen erreichte Niveau zu kontrollieren. Es kommt sehr selten vor, dass

 PASSIVES EINKOMMEN

Quoten festgelegt werden oder dass Agenten gezwungen werden, diese einzuhalten.

Für einige Immobilienmakler, die an bestimmte Unternehmen gebunden sind, gibt es jedoch verschiedene Anreizprogramme, die dazu beitragen sollen, die Dynamik zu erzeugen, um die Makler zu höheren Leistungsstandards zu bewegen.

Mit dem Residualeinkommen aus dem Verkauf von Immobilien eine eigene persönliche Sicherheit zu schaffen, ist ein weiterer attraktiver Grund, sich an dieses Unterfangen zu wagen. Das Einkommen aus dieser besonderen Art von Residualeinkommen ist es definitiv wert, auf einen Vorruhestandsplan hinzuarbeiten.

Wenn man die Entscheidung trifft, sich in den Immobilienstil der Erzielung von Residualeinkommen zu wagen, ist das Gefühl, eine gewisse Kontrolle über seine

 PASSIVES EINKOMMEN

Prioritäten zu haben, von Vorteil. Dies wird es dem Einzelnen auch ermöglichen, Verantwortungsgefühl und Engagement für den Erfolg seines Immobilienprojekts zu entwickeln.

Es gibt auch einige sehr gute Steuervorteile bei der Nutzung von Immobilien, um eine geordnete Residualeinkommensbasis zu erhalten.

Dies kann sich in dem System widerspiegeln, das derzeit zur Förderung aktiver Immobilienverkäufe verwendet wird. Wenn man also die notwendigen Steuererleichterungen gewährt, ist es wahrscheinlicher, dass eine Person noch härter arbeitet, um ein komfortables Residualeinkommensziel zu erreichen.

Eine Diversifizierung der Möglichkeit, ein Residualeinkommen zu erzielen, ohne die Unannehmlichkeiten der Gründung einer

separaten Firma oder Organisation in Kauf nehmen zu müssen, ist eine bessere Option, die in Betracht gezogen werden sollte, da der Immobilieneinbruch diese Einrichtungen nicht wirklich erfordert.

Verwendung von Blogs

Die Anwendung dieser Methode zur Erzielung eines Residualeinkommens ist zum gegenwärtigen Zeitpunkt eine Notwendigkeit. Für diejenigen, die sich mit dem Internet auskennen, ist dies ein ausgezeichneter Weg, um weiterhin ein Residualeinkommen für sich selbst zu schaffen.

Zu denken, dass ein gewisses Maß an Fachwissen ein Muss ist, ist nicht absolut, da jeder irgendwo anfangen muss. Wenn man lernt, die besten verfügbaren Techniken zur Erstellung erfolgreicher Blogs einzusetzen, wird dies in direktem Zusammenhang mit der Höhe des erzielten Residualeinkommens stehen.

Web-Protokolle

Um ein recht lukratives Residualeinkommen aus Blogs zu erzielen, muss ein gewisses Maß an Engagement vorhanden sein. Der Erfolg von Blogs hängt weitgehend vom Interesse des Einzelnen und seiner Fähigkeit ab, nach relevanten Informationen zu suchen, um sicherzustellen, dass die erstellten Blogs interessant und interessant sind.

Die Konzentration auf den Werbeaspekt von Blogs wird die nötige Bekanntheit sicherstellen, um den Blog so populär wie möglich zu machen.

Wer seine Inhalte auf einer Social-Networking-Website bewirbt und relevante Informationen auf der Website hinterlässt, stellt sicher, dass der Blog gut vernetzt ist. Dies führt auch zu den höheren Prozentsätzen, die erforderlich sind, wenn mehr Verkehr über Empfehlungsseiten generiert wird.

Die Veröffentlichung von Anzeigen im Blog der Person stellt auch eine Einnahmequelle dar, da die Person in der Lage ist, für die Anzeigen Gebühren zu erheben. Dies gilt nur, wenn der Traffic auf einer solchen Blog-Website hoch ist. Daher wird es viele andere Personen oder Unternehmen geben, die bereit sind, dafür zu zahlen, als Anzeigen auf der Blog-Website zu erscheinen, mit der Absicht, dass sie ihrerseits ebenfalls Traffic auf ihre Websites bringen.

Andere Leute dazu zu bringen, interessante Dinge zu schreiben, die dann im eigenen Blog präsentiert werden, ist eine sehr gute Möglichkeit, den Blog interessant und vielfältig zu halten.

Ziele setzen und einen Plan haben

Pläne und Ziele gehen Hand in Hand, ohne das eine ist das andere überflüssig.

Diese beiden Elemente im Leben eines Menschen sehr präsent zu haben, ist der Schlüssel, um sich bei jedem Schritt in die Zukunft darauf zu konzentrieren, bessere Lebensbedingungen zu erhalten.

Einige Vorschläge

In den meisten Szenarien spielt Geld eine wichtige Rolle als Motivationsfaktor, der den Einzelnen antreibt. Tatsächlich ist es das Motivationsniveau des Einzelnen, das die Bemühungen zu den erzielten Erfolgen treibt.

 PASSIVES EINKOMMEN

Da die meisten Menschen heute nach einfacheren Wegen suchen, um Geld zu verdienen, scheint die Geburt vieler neuer Bemühungen fast täglich zu erfolgen. Es werden immer mehr kreative Wege gefunden, mit der primären Absicht, so schnell und effizient wie möglich Geld zu verdienen.

Sobald sich eine Person für ein Ziel entschieden hat, wäre der nächste Schritt die Ausarbeitung eines geeigneten Plans, um dieses Ziel erfolgreich zu erreichen. Punkte wie Marktfähigkeit, Grad des Engagements, finanzielle Investitionen und Arbeit sind nur einige der Dinge, die bei der Planung zu berücksichtigen sind.

Auch Zeitpläne sind ein weiteres sehr wichtiges Thema, das bei der Planung zur Erreichung des Ziels zu berücksichtigen ist. Die meisten Ziele lassen sich mit einem gewissen Engagement erreichen, aber um sicherzustellen, dass die anfängliche Begeisterung nicht verloren geht, muss ein angemessener Zeitrahmen festgelegt werden. Auf diese Weise wird nicht nur sichergestellt, dass das Ziel erreicht wird, sondern auch, dass sich der Einzelne weiterhin darauf konzentriert, es schnell zu erreichen.

Wenn man sich die Zeit nimmt, ernsthaft über die Ambitionen des Einzelnen nachzudenken, hilft das, eine klarere Vorstellung davon zu bekommen, was die Ziele und Pläne sein sollten.

Dies zu erkennen ist am wichtigsten, um sicherzustellen, dass der Plan und die Ziele erfolgreich ausgearbeitet und abgeschlossen werden. Die eigenen Fähigkeiten zu kennen und bei der Entscheidung über Ziele und Pläne realistisch zu sein, ist auch eine Möglichkeit, weise und umsichtig zu sein.

PASSIVES EINKOMMEN

Die Mentalität, die für ein passives Einkommen notwendig ist

Diejenigen, die sich erfolgreich an den passiven Einkommensstil gewagt haben, um sich ein eigenes Einkommen zu schaffen, haben festgestellt, dass sie eine ganz andere Denkweise haben als der Durchschnittsbürger.

Diese Menschen sind in der Regel von Ehrgeiz und Geld getrieben und werden ihr Bestes tun, um beides zu erreichen. Um mit passiven Mitteln das gewünschte Residualeinkommen zu erzielen, muss der Einzelne bereit sein, jede Art von Anstrengung zu unternehmen.

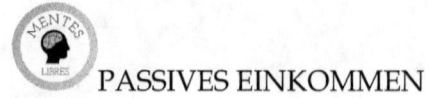 PASSIVES EINKOMMEN

Was Sie benötigen

Im Allgemeinen sind die Personen, die sich durch den passiven Einkommensstil für ein Residualeinkommen entscheiden, diejenigen, die sehr fokussiert und positiv eingestellt sind. Die starke positive Denkweise ist fast eine Voraussetzung dafür, dass der Einzelne auf dem Weg zum Erfolg bleibt.

Hoffnung zu haben ist ein weiteres Attribut, das für diese Art von Bemühungen erforderlich ist.

Da bei diesem Residualeinkommensstil nicht der Druck besteht, sich vor Vorgesetzten verantworten zu müssen, wenn ein bestimmtes Geschäftsvolumen nicht erreicht wird, muss der Einzelne alle positiven Eigenschaften besitzen, die notwendig sind, um sich auf die nächste Stufe vorantreiben zu können.

PASSIVES EINKOMMEN

Dies ist vor allem dann notwendig, wenn das Energieniveau niedrig ist, und zusammen mit der Tatsache, dass möglicherweise sichtbare Erfolge fehlen, die offensichtlich sind.

Abschließende Gedanken

Es gibt viele Unternehmer, die sich für diese Art von Einkommensrückständen entschieden haben. Die meisten von ihnen haben den Antrieb und das Ziel, erfolgreich zu sein, bereits fest verankert, und alles, was sie brauchen, ist, dass sie in der Lage sind, die entsprechenden Anstrengungen zu identifizieren, die ihnen das bringen, was sie wollen.

Sie sind immer auf der Suche nach möglichen Wegen, um ein gesundes Residualeinkommensszenario zu schaffen. Immer auf der Hut zu sein, wird auch sicherstellen, dass sie sich der Möglichkeiten, die ihnen zur Verfügung stehen, sehr bewusst sind.

 PASSIVES EINKOMMEN

Besuchen Sie unsere Website! Holen Sie sich weitere Bücher von MENTES LIBRES!

https://www.amazon.de/MENTES-LIBRES/e/B08274DDV4?ref_=dbs_p_ebk_r00_abau_000000

Wenn Sie möchten, können Sie Ihren Kommentar zu diesem Buch hinterlassen, indem Sie auf den folgenden Link klicken, damit wir uns weiter entwickeln können! Vielen Dank für Ihren Kauf!

https://www.amazon.de/dp/B0893JQFD6